This was my
favorite Story when
I was a child! "

Happy Birthday
to YOU ♡♡

I miss you
and love you
Charlotte !

Love
Stephanie

bi:libri Ausgabe 2012
© 2012 NordSüd Verlag AG, CH-8005 Zürich
Alle Rechte, auch die der Bearbeitung oder auszugsweisen
Vervielfältigung, gleich durch welche Medien, vorbehalten.
Herausgegeben in Kooperation mit Edition bi:libri, München
Übersetzung ins Englische: Dr. Kristy Koth,
©2012 Edition bi:libri, München
Lithographie: Photolitho AG, Schweiz
Druck und Bindung: ColorPrint Offset, Shenzhen, China
2. Auflage 2016
ISBN 978-3-19-359595-9

www.nord-sued.com
www.edition-bilibri.de
www.hueber.de/bilibri

Marcus Pfister

Schlaf gut, kleiner
Regenbogenfisch

Sleep Tight, Little
Rainbow Fish

Nord
Süd

bi:libri

Der kleine Regenbogenfisch kann nicht schlafen.
Die Augen wollen ihm einfach nicht zufallen.
Unruhig turnt er in seinem Wasserpflanzenbett herum.

Little Rainbow Fish can't get to sleep. His eyes just don't want to close. He tosses and turns in his bed of water plants.

„Ich kann nicht einschlafen", jammert der kleine Regenbogenfisch.
„Was ist denn los mit dir, mein kleiner Liebling?", fragt Mama.
„Es ist so dunkel ..."
„Keine Angst!", sagt Mama. „Ich rufe den Laternenfisch.
Er wird so lange für dich leuchten, bis du eingeschlafen bist.
Schlaf schön, kleiner Regenbogenfisch!"

"I can't get to sleep," whines little Rainbow Fish.
"What's the matter, sweetie?" asks Mommy.
"It's so dark..."
"Don't be afraid!" says Mommy. "I'll call the lantern fish.
He'll shine his light for you until you fall asleep. Sleep tight,
little Rainbow Fish!"

„Kannst du noch ein bisschen dableiben, Mama?"
„Aber ich bin doch immer bei dir, mein kleiner Liebling."
„Versprochen?"
„Großes Regenbogenfisch-Ehrenwort!"

"Can you stay with me, Mommy?"
"But I'm always with you, sweetie."
"Promise?"
"Cross my rainbow heart!"

„Aber was ist, wenn eine Meeresströmung kommt und mich mitreißt?"

"But what if the ocean current comes and sweeps me away?"

„Dann werde ich dir schneller folgen, als ein Schwertfisch schwimmen kann, und dich wieder sicher nach Hause bringen.“

"Then I will swim after you faster than a swordfish and bring you back home safely."

„Und wenn ich mich in der schwarzen
Tintenwolke des Oktopus verirre?"

"And what if I get lost in the black ink
cloud of an octopus?"

„Dann werde ich dich suchen, die dunkle
Wolke wegpusten und dir den Weg nach
Hause zeigen."

"Then I'll search for you, blow the dark
cloud away and lead you back home."

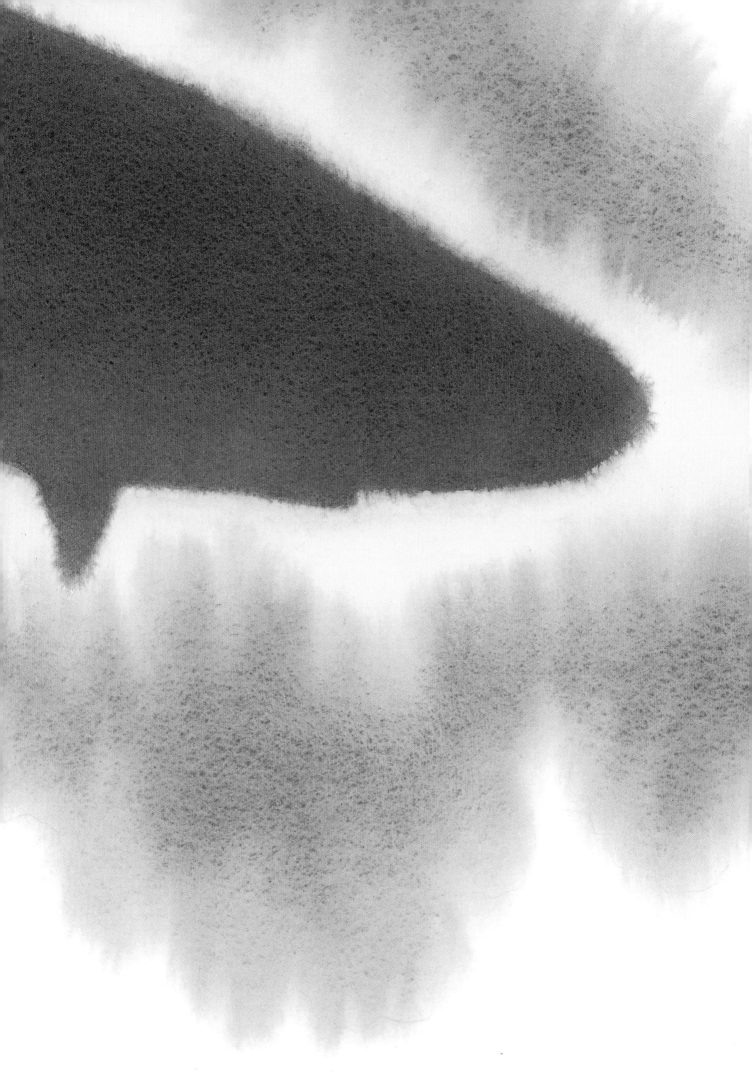

*„Und wenn ich vom großen Räuberfisch
verfolgt werde?"*

"And if I get chased by a big hungry fish?"

*„Dann bekommt es der Räuberfisch mit mir zu tun!
Ich werde ihm mächtig Angst einjagen und ihn für
immer vertreiben."*

"Then he'll have to answer to me! I'll give him such
a scare that he'll never come back."

„Und wenn ich in die Fangarme einer giftigen Qualle gerate?"

"And what if I get caught in the tentacles of a poisonous jellyfish?"

„Dann werde ich dich pflegen bis du wieder
gesund bist. Und die Qualle wird eine böse
Überraschung erleben!"

"Then I will nurse you back to health. And the
jellyfish will get a nasty surprise!"

„Und wenn ich heute Nacht einen bösen Traum habe?"
„Dann werde ich dich in meine Flossen nehmen und ganz,
ganz fest drücken! Schlaf gut, mein kleiner Liebling!"
„Schlaf gut, Mama", murmelt der Regenbogenfisch noch,
bevor er zufrieden einschläft.

"And what if I have a nightmare tonight?"
"Then I'll hold you in my fins and squeeze you really, really
tight! Sleep tight, sweetie!"
"Sleep tight, Mommy," mumbles Rainbow Fish and,
contented, he falls asleep.